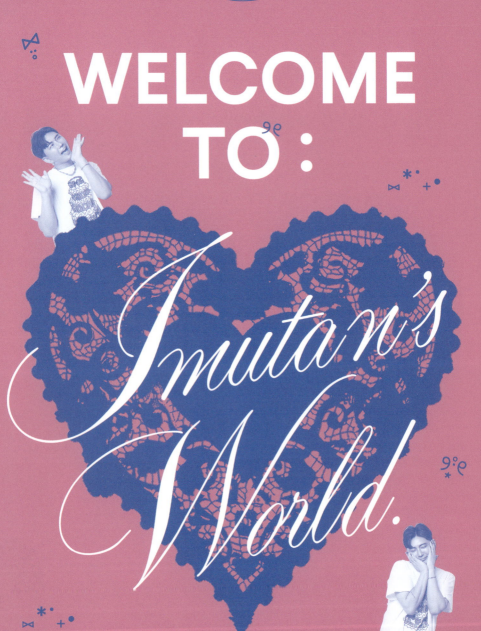

IMUTAN'S
MAKE-UP

IMUTAN'S WORLD

モデルやタレント、女優さんにアイドル。みんなが口をそろえて
指名したいという、ヘア＆メイクいむたんの
メイクテクニックが知りたい！　なんでこんなにも女のコが
憧れるメイクができるの？　どうしてこんなに盛れるの？
秘密を紐解いてきたので、この甘くて完璧な世界観に酔いしれて♡

いむたんがつくる
甘い夢の世界へ
ようこそ。

COME TO IMUTAN'S WORLD.WEL
WELCOME TO IMUTAN'S WORLD.WELCOME TO IMUTAN'S WORLD.WELCOME TO IMUTAN'S WORLD.WELCOM TO IMUTAN'S WORLD.WELCOME TO IMUTAN'S WORLD.WELCOME TO IMUTAN'S WORLD.WELCOME TO IMUTAN'S

Welcome to imutan's world.

(06)

Girls can be a Princess.

Welcome to imutan's world.

SAKURA

Girls are a

Welcome to imutan's world.

Welcome to imutan's world.

BRIGHT DRAW

→ RIHO

Welcome to imutan's world.

Contents

[02] **WELCOME TO :**

Imutan's World.

[01] We are made of Pink.
[08] Feed me Like a cat.
[10] We all bloom differently.
[11] Girls are a Devil sometimes.
[16] BRIGHT DRAW PEOPLE IN.
[18] Contents
[20] Message from IMUTAN

[22] **IMUTAN'S** いむたんメイクの基本

Make-up Rules

[21] スキンケア
[30] ベース
[36] コンシーラー
[40] アイシャドウ
[46] 涙袋
[50] チーク
[54] シェーディング＆ハイライト
[60] アイライン
[64] まつ毛
[68] リップ
[72] 眉毛

I M U T A N

[76] いむたん×豪華12人のスペシャルメイク

Special Collaboration

- [78] 三上悠亜
- [86] Rちゃん
- [94] 堀未央奈
- [102] 南りほ
- [110] かすちゃん
- [118] さくら
- [82] 藤田ニコル
- [90] 古川優香
- [98] 吉木千沙都
- [106] さおりん
- [114] おさき
- [122] MINAMI

[126] COSTUME CREDIT・SHOP LIST

Message from

みんな自分

はじめて会うコに対して「もったいない!」って思うことがあるの。
生まれ持った顔ってみんな違うけど、メイクで誰でも可愛くなれるから。
私の職業はヘア&メイクアップアーティスト。見た目をよくする仕事をしているから、
第一印象で自分の魅力を100%伝えきれていないコのことは
「もったいない！　もっと可愛くなれるのに！」って。

私は正直、プロとしての目線でメイクの流行を追っているというよりも、
単純に好きだから研究を重ねているだけ。実は結構負けず嫌いなの。
世の中にはもっと盛れるアイテムがあるのに、それを自分が持っていないとか
「キーッ！」って感じ（笑）！　だからコスメもたくさん買って試す。

何人かのタレントさんが並んでいたら、自分がメイクしたコが
　いちばん可愛くなきゃ気が済まないし、
　　いちばん可愛くしないとダメなのよ。って気持ちで生きている。
　　　そのコのポテンシャルを最大限生かすために
　　常にアンテナを張っているかも。
　　　　やっぱ、負けず嫌いだよね（笑）。でもそのほうが信頼できるでしょ？

IMUTAN

が主役だよ！

最初からあか抜けているコなんていない。
たとえばアイドルグループって、人気があるコとないコの差が
グングン開いちゃうのは、まわりから見られているという意識の差だと思っている。
メイクを学んでどんどん自分を磨いていくと、同時にまわりから見られている意識も
高まってきて、それがあか抜けにつながる。
人に見られている意識がない人ってあか抜けない。
そのためにはまず自分を磨くことが大事なの。

私がメイクをするコたちは、どんどん可愛くなっているし、私も可愛くしたいし。
みんなも可愛くなるために、たくさんメイクをして人に見られて、あか抜けよ？
「自分が主役だよ」って、そういう意味。
世の中のすべての女のコが自分を最大限、可愛くできますように♡

いむたん

2024年 吉日

IMUTAN'S Make-up Rules

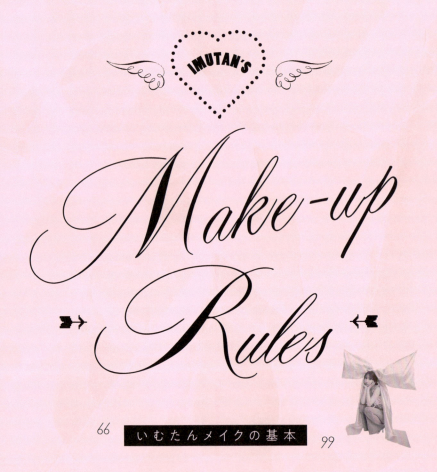

"いむたんメイクの基本"

アプリ顔級に盛れるいむたんメイクは
どんな工程で、どんなこだわりでメイクをしているのか……?
パーツ別に詳しいプロセスを紹介します♡
実際にメイクをする順番になっているのもポイント!
どれも意外と難しくなく、バランスを重視したプロセスなので
ぜひこのテクニックをメイクに取り入れてみて。
バブ顔になれること間違いナシです!

Make-up
♥ INFORMATION ♥

N⁰ 01

Parts スキンケア

透明感があってツヤのあるきれいなお肌は、
女のコが可愛く見えるための必須条件！
メイクをする前に、
しっかりとお肌のコンディションを整えます。
刺激を与えず、うるおいをチャージ＆マッサージでシェイプアップ♥
ここにしっかりと時間をかけることで、
メイクの仕上がりが格段によくなる！

№01
SKIN CARE

USE IT!

A.イーザーアンド メイク レディースキンパック／いむたん私物 **B.**オングリディエンツ スキンバリア カーミングソフナー 2,640円、**D.**同 カーミングローション 3,600円／ともにオングリディエンツ、**C.**ジルスチュアート ピュア シェイキング セラム 4,180円（3月7日発売）／ジルスチュアート ビューティ

(26)

♥ HOW TO ♥

Step. 1

Aのパックを
肌に密着させ
クーリング&水分補給

Step. 2

Bの化粧水を
たっぷり浸透させて
肌のキメを整える

Cの美容液を5点置きしたらクルクルとなじませる

肌全体を保湿するためDの乳液も同様に5点置き

Step: 5

乳液をなじませながら全顔をマッサージ

1.中指と薬指でおでこの中心から、らせんを描くようにこめかみまで流し、強めに押しながらクルクル×3回。**2.**同じ指で眉間から鼻先まで流す×12回。**3.**中指の腹で左右交互に鼻の横と小鼻から外側に流す×3回。人中と唇の下も同様に。**4.**中指と薬指の2本で唇の横から、らせんを描くようにこめかみまで流し、強めに押しながらクルクル×3回。**5.**眉頭の上に中指、下に薬指を置き強めに5回押したら、こめかみまでまっすぐ流してこめかみを強めに押しながらクルクル×3回。**6.**鼻根の横から目の下を通ってこめかみまで流し、強めに押しながらクルクル×3回。

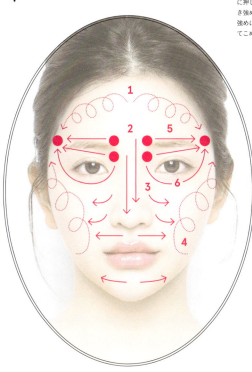

\ ちなみに /
クレンジングはコレ！

メイクや毛穴汚れをとかしながら、くすみもオフ♥ ジルスチュアート クリア クレンジングバーム 3,960円（3月7日発売）／ジルスチュアート ビューティ

\ 首から下を /
白くするクリーム

いむたんメイクの美白肌はコレでつくられる♥ 顔の白浮き感がなくなるんです！ セラ ワンデイブライトナー プレミアム／いむたん私物

♥ **FINISH** ♥

❝ ポイントは化粧水や乳液の量を
ケチらずたっぷり使うこと♥ ❞

肌がほてった状態はメイク崩れの原因になるので、肌を冷やしつつ皮脂を拭きとることがマスト！ その上で化粧水・美容液・乳液で保湿して、マッサージでむくみをとります。マッサージ効果で液体もなじむし目が開いて大きく見えるから一石二鳥♥

№ 02
Parts
ベース

メイクをしっかり映えさせるために必要なのがベースメイク。
いむたんメイクでは、肌にヴェールをかけるように
しっかりとテクスチャをのせてつくる
パンッと明るく発光したお肌がマストです。
きちんとブラシやスポンジを使ったり、
輪郭に向けて濃さを調節したり。
簡単だけど計算されたプロセスです♥

N⁰ 02
BASE

透明感を出したいときは
パープル系
血色が悪いときはピンク系
赤みが気になるときはグリーン系
のコントロールカラーを
チョイスして♥

USE IT!

お直しには
コレ！

A.ジルスチュアート　ルーセントシフォン　トーンアップ プライマー 03 3,520円／ジルスチュアート ビューティ **B.**アンドビー ブラックスポンジ、**D**ウェイクメイク スパチュラワイドファンデーションブラシ／ともにいむたん私物 **C.**espoir プロテーラービーグロウ ファンデーションニュークラス 20 4,200円、**F.**同 フレッシュセッティングパウダー 2,760円／ともに espoir **E.**コスメデコルテ　ルース パウダー 00 6,050円／コスメデコルテ

♥ HOW TO ♥

Step: 1

青みと白さがアップする
Aのブルー下地を
ほおにのせる

Step: 2

手で外側に向けて
のばし広げて**B**の
スポンジで密着させる

スポンジは
ぬらして
絞って使って！

よくヨレやすい動く部分は②の残りをスポンジの先でのせて！

| 目元 | 小鼻 | 口元 |

Step: 3

Cのリキッドファンデを
Dの筆にとりフェザータッチで
内側から外側へなじませる

Step: 4

Bのスポンジで
パッティングしてさらに密着させる

Step: 5

コンシーラーを塗ったあとに！

Eのパウダーをフェイスライン多めにのせる

パウダーをパフにもみ込み、手の甲にのせて余分な粉をオフし、髪の生えぎわからフェイスラインをポンポンと一周させる。手の甲から残ったパウダーをとり、5点置き→パッティング。小鼻と目元はパフを折ってプレスするように！

Step: 6

大きめのフェイスブラシにEのパウダーをとりフェザータッチで余分な粉を落とす

♥ FINISH ♥

❝ 内側に向けて濃く、外側は薄く！を
心がけて立体感をつくります♥ ❞

肌全体の濃さが均等だとのっぺりしてお面みたいに見えちゃうから、輪郭に向けて薄くなるように、顔の外側はファンデを取っちゃうくらいの気持ちでスポンジでのばして。下地やファンデは指で塗るとムラや指紋のあとができるから、筆やスポンジを使うことが重要です！　そのほうがツヤもしっかり出る♥　筆を使うときは羽根で触っているような軽いタッチでのせて。顔に髪がはりつかないよう、パウダーは顔のアウトラインにしっかり！

♥ INFORMATION ♥

№ 03

Parts

コンシーラー

ファンデーションでカバーできなかったところは、
用途別にコンシーラーを使い分けて解決！
いむたん的コンシーラーの用途は大きく分けて
「クマ」「ニキビなどの肌トラブル」「毛穴」の3つ。
クマにはかためのコンシーラー、
ニキビと毛穴には質感が重くない
リキッドタイプを使うとしっかりカバーできる♥

CONCEALER

♥ HOW TO ♥

クマのお悩み

かためのコンシーラーを細い筆で慎重にのせる

茶グマには肌より明るい**A-★**、青グマにはオレンジ系の**A-♥**を使用。クマの線にだけ重ねるよう、細い筆で慎重にのせたら筆でボカして**B**を重ねる。ちなみに、薄いクマは**B**のみで同様にのせる。仕上げにパウダーファンデ→フェイスパウダーをのせて自然に。

ニキビのお悩み

リキッドコンシーラーをピンポイントにのせる

チップでトラブル部分にピンポイントでのせたら軽く指でなじませ、最後にまわりを筆でボカす。**C**と**D**を肌に合わせて混ぜて。いむたんメイクはブルベ系だから**D**を多めに調合するのがハマる！

毛穴のお悩み

リキッドコンシーラーをスポンジでたたき込む

ニキビのお悩みと同様に、**C**と**D**を肌に合わせて調節。スポンジにコンシーラーをとったら、ファンデで隠しきれなかった気になる部分にたたき込むようになじませ、仕上げにパウダーをのせる。

USE IT!

A.コスメデコルテ　トーンパーフェクティング パレット　02 4,950円／コスメデコルテ　**B.**ミュアイス クマメンテパウダー 01 990円／muice　**C.**ジルスチュアート　ダイヤモンドティップス　コンシーラー C01、**D.**同 C10 各3,300円／ジルスチュアート　ビューティ

№ 04
Parts
アイシャドウ

いむたんいわく
「それ、ほんとにピンクシャドウ使ってるの？」って
言いたくなるくらい、アイシャドウが薄めの人が多いとのこと。
韓国や中国メイクの影響も受けているいむたんメイクは、
ベースをきちんと整えて明るい肌をつくるから、
しっかり発色するまでシャドウを重ねることで
メイク全体のバランスがとれる♥

N°. 04 EYE SHADOW

USE IT!

A. ジルスチュアート ブルームクチュール アイズ 03 6,380円／ジルスチュアート ビューティ **B.** グリント・バイ・ビディボブグリッタージェル 05 1,485円／韓国高麗人蔘社

• HOW TO •

中間色の**A-★**を二重幅
より少し広めにのせる

薄い色の**A-♥**で
1の上部をボカしてグラデに

締め色の**A-◆**を
上まぶたのキワにのせる

Step 4

中間色の**A-★**を下まぶたの目頭から目尻まで細くのせる

Step 5

薄い色の**A-♥**で4をしっかりボカす

Step 6

締め色の**A-◆**を黒目の外側の位置から平行にのせる

キツく見せたくないから目尻の三角ゾーンにはのせない！

Step: **7**

Bのグリッターを
手の甲に出し
大きめの粒を選別

Step: **8**

二重ラインよりも
上側の
黒目の幅にのせる

♥ FINISH ♥

" 大切なのは自分が思っている
よりも濃くのせること！ "

3色を使って発色のいいグラデをつくることを意識。中間色の上に薄い色をブレンディングブラシでのせてボカし、締め色を引くことで、きれいなレイヤードに♥ 最初にのせる中間色はしっかり発色するまで重ね塗り。グリッターは粒が固まると反射せずキラッと光らないので、必ず手の甲に出し、大きめの粒を選別してブラシにとって。目を開けても隠れないように二重ラインよりも上にのせます！

№ 05

Parts

涙袋

いむたんメイクにおいて涙袋は、ベースメイクや
リップなどと一緒で"当たり前につくるもの"という認識！
今のトレンドメイクでは、涙袋がしっかりあるほうが
バランスがいいから、
きちんと色をのせて涙袋ラインを引いてつくります♥
自分の涙袋に合った範囲でつくれば
クマっぽく見えちゃう心配もナシ！

N° 05
EYE BAGS

USE IT!

A.ビーバイバニラ ムードオンアイカラースティック 06、**B.**リトルオンディーヌ プロアイパレット 02／ともにいむたん私物 **C.**ジルスチュアート アイダイヤモンド グリマー 02 2,750円／ジルスチュアート ビューティ

・ HOW TO ・

Step: 1

涙袋をつくりたい部分に
AのコンシーラーをON

Step: 2

しっとり質感の**B-★&♥**を
かための筆で混ぜ**1**の下をなぞる

(18)

Step 3

ピンクシャドウの**B-◆**を
1でのせた部分に重ねる

Step 4

Cのグリッターを目頭から
黒目の下まで重ねる

♥ FINISH ♥

" 笑ったときに出た涙袋のちょっと
　上にラインを引くのがポイント♥ "

NGなのはクマのある部分にラインを引くこと。広くつくればいい
わけではなく、ぷっくり見せることが重要だから、笑ったときにプ
クッと出る涙袋のカゲよりも少し上が涙袋ラインを引く位置です！
アイテム選びも重要で、ラインに使うのは広がりやすいパウダータ
イプや逆にくっきりしすぎちゃうリキッドではなく、しっとり質感
のブラウンシャドウ。自然にくっきり描けるからおすすめです♥

No. 06

Parts

チーク

全女子をバブ顔にする秘訣は、チークをのせる位置と
その順番にあるんです♥
ほお以外にものせるけどシェーディング使いではなく、
あくまでも血色感を足して愛され印象にするため。
目元と同系色のチークを使うのが
いむたんメイクの特徴だけど、
そのときのメイクによって色みは変えてもOKです!

N⁰ 06
CHEEK

USE IT!

A. エチュード ハートポップブラッシャー スクイーズベリー 1,199円／エチュード **B.** ラカ ラブシルクブラッシュ 703 1,980円／JT **C.** ジルスチュアート メルティシマー ブラッシュ 04 2,860円／ジルスチュアート ビューティ

♥ HOW TO ♥

Step: 1

薄い色の**A**のチークを
ほお高め全体にのせる

Step: 2

同系色で濃い色の**B**のチークを
ほお骨の高い位置に重ねる

Step: 3

Bのチークを鼻先・あご先・おでこにもなじませる

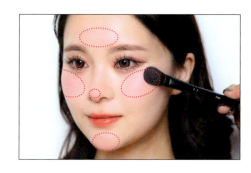

Step: 4

ピンク系のCのツヤっぽハイライトを5点にのせる

♥ **FINISH** ♥

" 高めの位置にのせることで
多幸感のあるバブ顔に♥ "

薄い色のチークで血色をよく見せ＆毛穴をより目立たなくさせ、濃い色を重ねて立体感もゲット。いむたんメイクではチークもしっかりきわだたせるけれど、ほおだけが浮いてしまわないように、顔全体の余白を埋めながら血色感を足してバランスをとります♥ 輪郭によってプロセスは変わらず、チークをのせる位置は高めが鉄則。ここにのせることで、パッと主役感のある愛され顔になれる！

INFORMATION

№ 07

Parts

シェーディング
＆ハイライト

先に骨格調整をしてしまうとオトナっぽい顔立ちになって
しまうので、順番はアイメイク＆チークのあと。
ハイライトもきちんとチークの上に重ねるので、
立体感が爆誕します♥
とくに、いむたん指名の方から好評なのは、
ハイライトの入れ方。3種類のツヤをパーツで分けて
入れて、主役級な映え顔に！

N° 07
SHADING & HIGHLIGHT

USE IT!

A. ジュディドール メリハリマスターパレット 01N／いむたん私物　**B.** ジルスチュアート デュアル ルーセントグロウ セッティングパウダー（レフィル）01 3,300円／ジルスチュアート ビューティ　**C.** ビー アイドル 叶えるハイライト 02 1,980円／かならぼ　**D.** ディア ダリア スキンルミナスハイライター ピローピンク 3,190円／韓国高麗人蔘社

♥ HOW TO ♥
NOSE-SHADING

Step: 1

眉頭の下から目頭、小鼻の外側、鼻の下、唇の下に**A-★**をのせる

Step: 2

小鼻のキワに**B**をのせて明るくし小鼻の存在感を消す

♥ HOW TO ♥
FACE-SHADING

面長さん

A-♥をおでこの上側と
あご先にのせる

丸顔さん

A-♥をこめかみから
ほお骨の下までと
あご先のサイドにのせる

♥ HOW TO ♥
FACE-HIGHLIGHT

B × 毛足の長いやわらかい筆
B × 毛足の短い筆
C × 指
D × 毛足の長い筆

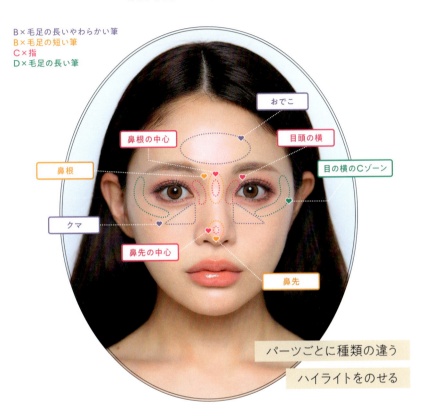

おでこ / 鼻根の中心 / 目頭の横 / 鼻根 / 目の横のCゾーン / クマ / 鼻先の中心 / 鼻先

パーツごとに種類の違うハイライトをのせる

♥ FINISH ♥

66 ハイライトは色みと質感を
使い分けることでより立体的に！ 99

全部同じ質感のハイライトを入れても、平凡なお顔になっちゃう。顔の中央部分はパール系のツヤを、目頭の横には練り質感でキラッと光らせ、目の横のCゾーンは偏光系。いろんな光を取り入れて主役顔に♥

№ 08

Parts

アイライン

黒でしっかり引くアイラインが特徴的！
ブラウンラインだとシャドウになじんで目がボヤけて
見えてしまうので、全部のパーツを主張する
いむたんメイクには、アイメイクの締め役に
ブラックがマストなんです♥
今までブラックライナーを避けてきた人も、
いむたんメイクに挑戦するときにはぜひ取り入れて。

N° 08
EYE LINE

USE IT!

A.novo スムーズアイライナー01、B.ピカソ798アイライナーブラシ、C.クリオ シャープ ソ シンプル ウォータープルーフ ペンシル ライナー01／以上いむたん私物

♥ HOW TO ♥

Step.1

AのジェルライナーをBの筆にとって目尻にラインを引く

平行

タレ目

ハネ上げ

そのときの気分で変えて♥

Step 2

目尻から黒目の位置まで
ラインをのばす

Step 3

Cのペンシルライナーで
粘膜を埋める

♥ FINISH ♥

" ジェルのブラックを使うのが
いむたん的アイライン♥ "

いむたんメイクはアイメイクが濃く、ブラウンラインだと主張がなさすぎるのでブラックが基本！ 韓国アイドルもジェルのライナーを使っていることが多く、少しマットな質感がイマドキのメイクになじみやすい♥ 求心顔の人は目尻ラインを結構長めに、遠心顔の人は長くしすぎないことも意識して。ちなみに二重幅が広くて眠い顔に見える人は粘膜ラインを目頭まで埋めると解消します！

―――――――――――――――――――――――

No.

09

―――――――――――――――――――――――

Parts

まつ毛

―――――――――――――――――――――――

アイシャドウの時点で
「盛れてるっていうよりも濃！って感じ？」って
思うかもしれないけれど、大丈夫だから安心して。
アイライナーである程度引き締めてから、
黒くて束感のあるまつ毛にすると、より引き締まって
バランスがよくなるんです♥
つけまをつけても重たく見えないテクニックを、
詳しく解説します！

―――――――――――――――――――――――

N⁰ 09
EYELASH

USE IT!

A. ザ ツールラボ ハッピーリムアイラッシュ ナチュラル トリオ 0 9.5N、B. espoir ノーマッジング マスカラ ウォータープルーフXP クリーンブラック、C. アイラッシュカーラー、D. ディーアップ パーフェクトツイーザー、E. ミルクタッチ まつ毛用ピンセット／以上いむたん私物

最初にまつ毛を上げる
つけまをつける
束感まつ毛にする！先はマスカラで塗るよ♥
3つにカット！

♥ HOW TO ♥

Step 1

まつ毛のキワに**A**のつけまを
中央→目頭→目尻の順でON

Step 2

Bのマスカラを塗り
自まつ毛とつけまをなじませる

Step 3 ピンセットで挟み 隣のまつ毛とくっつける

Step 4 横にスライドするように 下まつ毛にBを塗る

Step 5 ピンセットでまつ毛を くっつける

♥ FINISH ♥

❝ 盛れてる！ってメイクがしたいなら
つけまは絶対につけたほうがいい！ ❞

いむたんメイクのまつ毛は、いち早く取り入れていた"束感"が命。粘膜にはアイライナーを引くけど、アイライナーで埋めがちなまつ毛とまつ毛の間は埋めないのがポイント♥ ここを埋めちゃうと、二重幅が狭くなって目が小さく見えちゃうんです。もちろん、つけまの上に引くのもNG！ まつ毛はしっかりセパレートして、面長の人は短めにぎっしり感、丸顔の人は長さを出すとバランス◎。

No. 10

Parts

リップ

いむたんメイクは全部を盛ることでバランスをとるぶん、
アイメイク・チーク・リップのトーンを
そろえることはマスト。
薄くカゲをつくって人中を短縮しながら、
グラデリップでバブみを演出♥
工程数は多く感じるけど、簡単なのでご安心を！
誰もが憧れる、プリッときわだつリップをゲットして♥

N° 10
LIP

A.デイジーク ムードスリムライナー 05、**B.**クーモ フィンガーチップブラシ／ともにいむたん私物 **C.**CLIO ベルベットリップペンシル5号 1,390円／CLIO COSMETICS **D.**ジルスチュアート リップブロッサム グロウ 17、**E.**同 21 各3,520円、**F.**同 クリスタルブルーム リップブーケ セラム 02 3,740円／以上ジルスチュアート ビューティ

♥ HOW TO ♥

Step 1
Aのペンシルアイライナーで唇の山＆上下唇の輪郭より少しオーバーにラインを引く

Step 2
Bのフィンガーチップブラシで全体をボカす

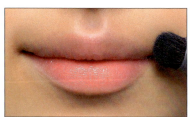

Step 3
Cのリップライナーで
Iで引いたラインをなぞる

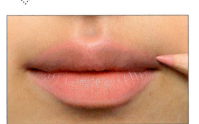

Step 4
薄い色のDのリップを
下唇の中央から外側＆
上唇の山から外側に向け全体に塗る

Step 5
同系色で濃いEのリップを
上下唇の内側に重ねて
軽くなじませる

Step 6
Fのグロスを上下唇の
中央＆唇の山を
つぶすようにON

♥ FINISH ♥

"　唇の面積を広げて人中短縮♥
　グラデにしたほうが圧倒的に可愛い！"

最初にベージュでオーバーなリップラインをとりカゲをつくると、自然と唇の面積が広がって存在感がアップ！　人中が短くなってプクッと幼く可愛い印象になれます。忘れがちな下唇のリップラインもしっかりとることで、唇の印象をしっかりアピール♥　リップは同系色の濃淡2色を使ってグラデにすると、じゅわっとうぶなバブ顔に！　ツヤ系リップなら、グロスも加えてキュートさをさらに後押し。

№ 11

Parts

眉毛

目元・チーク・リップが完成していない状態で
眉毛を描くと、しっかり描こうとして
濃くなってしまうので、
最後に描くのがいむたんメイクのお約束！
眉毛が与える印象って強いから、目立たないよう
薄く、平行にしてとことん存在感を消すことで、
強さのない可愛い顔立ちに♥

N° 11
EYEBROW

USE IT!

A.ジルスチュアート ブルームニュアンス ブロウ パレット 01 3,850円／ジルスチュアート ビューティ **B.**espoir ザブロウバランスペンシル 02 1,918円／espoir **C.**キス うす眉メーカー 02／いむたん私物

♥ HOW TO ♥

Step 1

Aで眉山から眉尻に向けて上側を描く

髪よりワントーン明るくなるようパウダーを混ぜて

Step 2

薄い左側2色を使って

Aで眉頭の下から眉尻まで平行になるように描く

Step 3
Bのペンシルで眉頭の下から上に向け立ち上げ眉毛を描く

Step 4
Bのスクリューブラシで眉全体をボカす

Step 5
Cの眉マスカラで明るくし眉毛の存在感を消す

♥ FINISH ♥

❝ 眉毛の上下をつぶして平行に薄い眉毛でバブ顔が完成！ ❞

パウダーで眉のアーチ感をオフするように描いて眉に主張を与えない！ さらに細くスッと立ち上げ眉毛を描き、ブルべ系になれるアッシュのマスカラを使って、赤ちゃんみたいに薄くてやわらかい印象に。より一層、アイメイク・チーク・リップがきわだつから、パッと見盛れが叶うし、顔も立体的に見えるんです♥ 眉マスカラは肌につかないようサッとやさしく塗ることを意識して。

みんな可愛すぎて困っちゃう♡

Special Collaboration

→ いむたん×豪華12人のスペシャルメイク ←

いろんなお仕事で、いむたんにメイクを依頼している12人が
テーマ別にメイクで変身してみました♡
ここまでで紹介した「いむたんメイクの基本」をベースとして
色使いやアイテム選びのこだわりをチェックしてください！
特別にメイク中の対談も見せちゃいます♡

IMUTAN'S MAKE-UP

Special Collaboration

MINAMI

OSAKI

SAKURA

01
♥ COLLABORATION ♥

三上悠亜

yua_mikami

yua's cute selfie

usual make-up

➤➤ CROSS TALK ◄◄

ゆ: いむたんはデビューから半年後に出会ったかな。アイドル時代は自メイクだったし最初ベースは自分でしてたけど、こんなに盛れるの!?って全部お願いするようになったよね。初めて信頼できたメイクさん♥ あと、とにかく白く、女のコが憧れる雰囲気にしてくれる！ **い:** 悠亜ちゃんは基本なんでも似合うけど相性が悪いものもあって、私は

そのジャッジが得意。テレビ局で「私も悠亜ちゃんになれますか？」って有名タレントさんに言われるくらい、私を有名にしたのはあなたで、本当に感謝。今回は撮影でいつも「お人形みたい」って言われる悠亜ちゃんをとことん突き詰めてみた♪ **ゆ:** 難しい色みなのに可愛いね。いむたんがやってくれるとどんなメイクもなじむから最強♥

➤➤ HOW TO ⋘

①肌全体に**A**を塗ったら気になる部分を**B**でカバー。②**C-★&♥**を二重幅より少し広めに塗り、下まぶた全体にもON。③**C-◆**を目頭のCゾーンに塗り、**C-♠**を眉頭から目頭まで重ねる。④**C-♣**を上まぶたのキワ、下まぶたの目尻2／3&目頭に重ねる。⑤**C-★&♥&◆**を二重ラインの上側にのせ、下まぶた中央〜黒目下にも広めに重ねる。⑥**D**の左端を指でとり、二重幅〜アイホール広めにのせる。⑦**E**の5色をほお高め&鼻先&あご先にON。⑧**F**を目頭と鼻根の間&鼻根&鼻先&唇の下にまるくのせる。⑨**F**をやわらかくて太めの筆にとり、Tゾーン&鼻先&目尻横のCゾーンに重ねる。⑩**G**を上下唇の輪郭上に塗り、内側を埋める。⑪**H**を上唇の中央広めにのせ指でなじませる。⑫**I**を眉毛に塗ったら完成！

➤➤ USE IT! ⋘

A.ジルスチュアート イルミネイティング セラムプライマー 03 3,520円、**C.**同 ブルームクチュール アイズ ジュエルドブーケ 02 6,380円、**E.**同 ブルーム ミックスブラッシュ コンパクト 02 4,620円、**G.**同 リップブロッサム グロウ 12 3,520円、**H.**同 クリスタルブルーム リップブーケ セラム 03 3,740円、**I.**同 ムースブロウマスカラ 17 2,420円／以上ジルスチュアート ビューティ **B.**ヘラ クリーミー カバー コンシーラー ポーセリン 4,510円／HERA **D.**フラワーノーズ ストロベリーロココ アイシャドウパレット G01 3,300円／ブリリアントプラス **F.**デイジーク リュクスグロウハイライター #02 3,630円／WONDER LINE **J.**マジェット リラックス ムーングレー 1,991円(1箱10枚入り)／スウィート

(81)

02
♥ COLLABORATION ♥
藤田ニコル

2525nicole2

nicole's cute selfie

usual make-up

➡ CROSS TALK ⬅

に：(三上) 悠亜ちゃんと似てるってよく言われるから、悠亜ちゃんみたいに盛れてる顔になりたいってお願いしたのがきっかけだよね。マジで悠亜ちゃんの顔みたいになれてテンション上がった♥　い：緊張した〜(笑)。やっぱり目の幅が広かったりぷるんとしたリップとか、私がメイクする人にはないお顔で楽しい！　に：目がデカくなって、唇もちゅるんとして超盛れる。ほかのメイクさんにも言われるくらいだよ。こんなに間近でメイク見てるのに自分でやってもできないの。　い：(笑)。今回は表紙にも出てくれて本当にありがとう。コラボメイクは表紙や巻頭のメイクとのギャップが見せたくてイエベ系にしたの〜！　可愛い妖精さんができた♥

IMUTAN's MAKE-UP

▼02▼ Nicole Fujita

幻想的なオレンジムードでキャラっぽさバツグン！

➤➤ CHANGED TO ➤➤
妖精メイク

イエベ系カラーを使った妖精メイクは、目元とつなげて入れる高めチークがポイント♥ 細かいグラデシャドウで立体感もしっかりと演出。

IMUTAN'S MAKE-UP

▼02▼
Nicole Fujita

➡ HOW TO ⬅

①**A**と**B**を混ぜて肌の気になるところをカバーし、**C**を顔全体にON。②**D-★**を二重幅と下まぶたのキワに筆でのせ、指でボカす。③**D-♥**と◆を筆で混ぜるようにとり、二重ラインからアイホールより少し広めにのせ、下まぶたは②より下側全体にのせる。④**D-♣**を筆でとり、上下目頭と目尻から黒目の位置までのせる。⑤**D-♥**を指にとり、目頭から黒目の上あたりまで広めにポンポンとのせる。⑥**E**を目頭から下まぶた2/3まで直にのせたら、指でラメを拾って上まぶたの中央にポンポンと重ねる。⑦**D-★**をさらに②と同じ上まぶたの位置に重ねる。⑧**F**を上下まつ毛全体に重ね塗り。⑨**G**をアイメイクとつなげるように高めの範囲のほおにのせる。⑩**H**を⑨でのせた中央に重ねる。⑪**I**でリップラインの上を縁取り、内側を埋める。⑫**J**を唇の中央にのせてなじませたら完成！

➡ USE IT! ⬅

A.ジルスチュアート ダイヤモンドティップスコンシーラー P20、**B.**同 C01 各3,300円、**C.**同 グロウインオイル ルースパウダー 01 4,950円、**E.**同 アイダイヤモンド グリマー 04 2,750円／以上ジルスチュアートビューティ **D.**フラワーノーズ ミッドサマーフェアリーテイルズコレクション 5色アイパレット 02 3,520円、**G.**同 ベルベットチークブラッシュ 01 2,970円／ともにブリリアントプラス **F.**シーメル キラーロングマスカラ BR／いむたん私物 **H.**ラカ ラブシルクブラッシュ 701 1,980円／JT **I.**ヘラ センシュアルフィッティンググロウティント 456 4,400円／HERA **J.**アミューズ ペペイント 02 1,650円／アミューズ **K.**マジェット マジェスティックブラウン 1,793円(1箱10枚入り)／スウィート

[85]

03
♥ COLLABORATION ♥
Rちゃん

usual make-up

→ CROSS TALK ←

R：頻繁にお願いするようになったのは約2年前だよね。私に合う色みを使ってくれたりトレンドもありつつ世界観が唯一無二！ 鏡でメイクしてもらってるところを見てると最後にめっちゃまとまるって感じ。 **い**：最後にバランスをとるのがちょっとうまいのかも♥ ファンの方にも「いつもあかりちゃんを可愛くしてくれてありがと

う」って言われる。 **R**：あんまり現場で自撮りしないけど、いむたんメイクは自撮りするからね♥ それに、毎回メイクのオーダーを変えるけど、いむたんも気分で変えてくれて楽しい！ **い**：私って甘いイメージが強いけど、実はワンホンみたいな強めお姉さん系のメイクも好きだから今回もめっちゃ楽しかった！

IMUTAN'S MAKE-UP

→ CHANGED TO ←
ワンホンメイク

ベージュ系をベースに、赤みのある目元と唇で
オトナな色気をプッシュ。ハイライトでしっかり
ツヤ出ししたら、上品さを演出できる!

♥ 03 ♥ R chan

赤みとツヤで仕上げる
上品さで爆美女に!

INUTAN'S MAKE-UP

▼ 03 ▼ R chan

網紅

HOW TO

①Aで肌全体をトーンアップする。②B-★を筆でアイホール全体に塗り指でなじませたら、下まぶたにも目頭から目尻に向けて広くなるように筆で塗る。③B-♥を筆で上まぶたのキワに重ねる。④B-◆を指にとり、上まぶたの中央広めにチョンチョンとのせる。⑤C-♥を下まぶたキワの目頭から黒目の終わりの位置まで筆で細く重ねる。⑥Dをほお高めの位置に外側から中央にかけて円を描きながら斜めに筆でのせる。⑦EをTゾーン、鼻先、目尻横のCゾーンにやわらかい毛の筆でのせる。⑧Fを指にとり、鼻先&鼻根に重ねる。⑨Gで上唇の上&下唇の口角側の輪郭の少し下をなぞるようにリップラインをとる。⑩Hを唇の輪郭より少し内側に塗り、上下唇になじませたら完成！

USE IT!

A.CLIO キル カバー メッシュ グロウ クッション 02 LINGERIE 4,180円、E.同 グラスアンドハイライター（ニャン生逆転）02 2,400円、G.同 ベルベットリップペンシル 1号 1,390円／以上CLIO COSMETICS B.フラワーノーズ ミッドサマーフェアリーテイルズコレクション 5色アイシャドウパレット 01 3,520円、D.同 ベルベットチークブラッシュ 05 2,970円／ともにブリリアントプラス C.ジルスチュアート ブルームクチュール アイズジュエルドブーケ 04 6,380円、F.同 メルティシマー ブラッシュ 05 2,860円、H.同 ブルームドロップ リップ&チーク シフォン 06 3,300円／以上ジルスチュアート ビューティ I.キュブリエ リュヌベージュ 1,683円（1箱10枚入り）／T-Garden

04
♥ COLLABORATION ♥
古川優香

iamyukaf
cute
selfie
Yuka's
usual make-up

➤➤ CROSS TALK ◂◂

ゆ：初めてお願いしたのは約2年前かな？ 悠亜ちゃんのSNSで見てて超可愛い！ってずっと思ってた。 い：みんなそう言ってくれるの(笑)。
ゆ：はかのメイクさんのときに「おしゃれだけど盛れてるかな？」って思うことがあったり、YouTubeだと気にならないのに写真だと気になるコンプレックスがあったりするけど、いむたんは決まったコンセプトのなかでもしっかり盛ってくれるから超信頼してる♥ い：優香ちゃんはいい意味で"古川優香"なお顔で量産型じゃないから貴重！ 今回はあんまりイメージがなかった超絶甘いメイクをしてみたかったの♥
ゆ：たしかにTHE可愛いメイクってすることがないから本当にうれしい！

[90]

▼ 04 ▼ Yuka Furukawa

IMOTAN's MAKE-UP

薄ピンクの世界観で愛されらぶりーふぇいす♡

⇒ CHANGED TO ⇐
バレエコアメイク

いろんなピンクを繊細に重ねて、多幸感のある顔立ちに。目元はマットにしつつ、ハイライトでパール系のツヤをつくるのがポイントです♪

IMUTAN'S MAKE-UP

HOW TO

①Aで肌全体をトーンアップ。②B-★を筆で上まぶたの二重幅より少し広め、下まぶた全体に塗る。③C-♥を②で塗った範囲の上側にのせ、下まぶたの目頭から黒目の位置にも重ねる。④C-★を筆で上まぶたのキワに引いたら、細めのブラシで涙袋ラインを描き、下目尻にも重ねる。⑤Dをほおの内側から外側に向かって円を描くようにのせ、鼻先、あご先にもON。鼻先は指でなじませて広げる。⑥Eを目尻横のCゾーン、鼻根、鼻先に大きめの筆でのせる。⑦Gの2色をパフ上で混ぜ、ほお骨の上、あご先、鼻先にポンポンと重ねる。⑧Fを眉毛全体に塗る。⑨Hで唇の輪郭上にリップラインをとり、全体になじませる。⑩Iを唇の中央に重ねて上下唇になじませたら完成！

♥ 04 ♥ Yuka Furukawa

USE IT!

A.ジルスチュアート　イルミネイティング セラムプライマー UV 02 3,520円、F.同 ムースブロウマスカラ 15 2,420円、G.同 デュアルルーセントグロウ　セッティングパウダー（レフィル）02 3,300円、I.同 リップブロッサムグロウ 14 3,520円／以上ジルスチュアートビューティ　B.デイジーク ブレンディングムードチーク #07 2,860円／WONDER LINE　C.espoir アイコアパレット ポッシュコーラル 3,960円／espoir　D.フラワーノーズ ミッドサマーフェアリーテイルズコレクション ベルベットチークブラッシュ 04 2,970円／ブリリアントプラス　E.ラカ ドリームビームハイライター 02 2,200円／JT　H.アミューズ ベベティント 01 1,650円／アミューズ　J.メイメ by ラルム めにあいツーダ 1,760円（1箱10枚入り）／クイーンアイズ

Y U K A

05
♥ COLLABORATION ♥

堀 未央奈

horimiona_official

Miona's / cute / selfie

usual make-up

▶▶ CROSS TALK ◀◀

み：はじめましては約2年前。乃木坂46時代は"盛る"っていうメイクをしてこなかったけど、個人的にいむたんのYouTubeメイク動画を参考にするくらい華やかなメイクが好きだからうれしかったです。時間を戻してこの顔でアイドルしたいくらい♥　い：未央奈ちゃんはお肌も天然で白いし、ほかにないお顔立ちだからいつも楽しい♪　み：ツリ目だけど、甘くしながら盛ってくれるから「いむたんメイクの未央奈ちゃんがいちばん好きです」って言ってくれるファンもいて。　い：今回はメイク界隈からしたら王道のテーマ"ブリジット・バルドー"風メイク。女優さんって共通点もあるし、黒をしっかり使ったメイクが新鮮で大満足♥

▼ 05 ▼ Miona Hori

淡いトーンを凛々しく締める
ブラックが立体感を生み出す♥

➤ CHANGED TO ➤
ブリジット・バルドー風メイク

ヴェールのかかったようなピンクやパープルで色づけし、目元のブラックでメリハリを。フランスの映画に出てきそうな上品なお顔立ちに♪

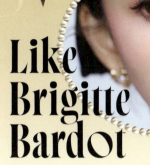

Like Brigitte Bardot

HOW TO

①A→Bを肌全体にON。②C-★と♥を混ぜてアイホールに塗る。③C-◆を上まぶたのキワに目頭が太くなるように重ねる。④C-♠を下まぶたの目尻から黒目の下まで目尻太めにのせる。⑤C-◆で下まぶたの目尻から黒目の下まで細い筆でラインを引く。⑥ジェルのブラックライナーでハネ上げラインを引く。⑦Dをほおの外側から内側に向かって、外側が濃くなるよう筆でON。⑧Eを指で鼻根＆鼻先にのせたら、筆でおでこ＆目頭の下＆目の横のCゾーンに重ねる。⑨Fを指にとり二重ラインの上側にのせる。⑩Gでオーバーリップになるよう太めにラインを描く。⑪Hを唇全体に塗る。⑫Iを上下まつ毛に塗り束をつくる。⑬Jの左2色を混ぜて眉全体にのせたら完成！

USE IT!

A.ジルスチュアート　イルミネイティング セラムプライマー 02 3,520円。**F.**同 エターナル アイビージュー 03 2,970円。**J.**同 ブルームニュアンス ブロウパレット 02 3,850円／以上ジルスチュアート　ビューティ　**B.**アミューズ　デューパワーヴィーガンクッション 01 3,470円／アミューズ　**C.**ウェイクメイク ソフトブラーリングアイパレット 16 2,970円。**E.**ロムアンド ヴェールライター 02 1,430円／ともに韓国高麗人参社　**D.**デイジー ソフトブラーチーク #05 2,310円。**G.**同 ムードブラーリップペンシル #06 1,650円。**H.**同 ムードグロウリップスティック #07 1,540円／以上WONDER LINE　**I.**エチュード カールフィックスマスカラ ブラック 1,650円／エチュード　**K.**ミーユ ポンポングレー 1,705円（1箱10枚入り）／ANW

06
♥ COLLABORATION ♥

吉木千沙都

popochan318

chisato's

cute selfie

usual make up

➡ CROSS TALK ⬅

ち：いむたんはすごく丁寧で、肌も基礎からしっかりつくってくれるから、アプリで加工した顔みたいになれるっていうか。私の顔って難しいっていうヘア＆メイクさんもいるけど、いむたんはどうやってバランスとってるんだろう？　い：どちらかというと濃いめのお顔立ちだから色みは統一感を出して、全部ハッキリさせてもバランスがとれるようにしてるかな。あんまり計算してメイクはしてないけど、結果的に（笑）。ち：なるほど！　今回はなんでツヤっぽメイク？　い：ぽぽはお肌ツヤツヤなイメージがあって……安易（笑）。ツヤのアイテムを生かすのに適してるなって。ツヤのメイクもよく聞かれるから、ぽぽで紹介したかったんだ〜！　超可愛くできたね♡

[98]

IMUTAN'S MAKE-UP

♥ 06 ♥ Yoshiki Chisato

ビジュ盛れが最強になる
全方位のちゅるんと発光 ♡

CHANGED TO
ツヤっぽメイク

ツヤツヤなお肌や目元、唇があれば骨格が優秀して見える♡　意外とオールシーズンに使えるし、韓国っぽさもあってマネしやすいんです。

▶▶ HOW TO ◀◀

①Aをほお骨の上・鼻・あご先、おでこを中心にスポンジでのせ、顔全体にもなじませる。②B-★を筆にとり、アイホールと下まぶた全体にのせる。③B-♥を上まぶたのキワと下まぶたの目尻に筆で細くのせ、目頭にもON。④Cを指にとりアイホールに重ねる。⑤Dを筆にとり目尻の骨のくぼみの下に置き、ほおの中央までポンポンと動かしながらのせる。⑥Eを手の甲に出して指でとったら、あご先・鼻先・鼻根・眉間の上・黒目下から目の横のCゾーンにチョンチョンとのせる。⑦Fを指でとり、ほお骨の上・あご先・鼻先・鼻根の両サイドにのせてツヤを足す。⑧Gを筆にとったら唇をオーバーリップになるように縁取り、内側を埋める。⑨最後にHをオーバーリップになるように重ねたら完成！

▶▶ USE IT! ◀◀

A. espoir プロテーラービーベルベットカバークッション 21 3,190円／espoir **B.** エチュード プレイカラー アイシャドウ クールバレリーナ 2,970円／エチュード **C.** ジルスチュアート エターナル アイビジュー 07 2,970円、**G.** 同 リップブロッサム グロウ 04 3,520円／ともにジルスチュアート ビューティ **D.** フラワーノーズ ミッドサマーフェアリーテイルズコレクション ベルベットチークブラッシュ 03 2,970円、**E.** 同 リキッドハイライター 04 2,200円／ともにブリリアントプラス **F.** グリント スティック ハイライター 02 2,398円、**H.** ロムアンド グラスティングウォーターグロス 00 1,210円／ともに韓国高麗人蔘社 **I.** マランマラン ワンデー ミルキーブラウン 1,760円(1箱10枚入り)／Rise UP

(101)

07
♥ COLLABORATION ♥

南りほ

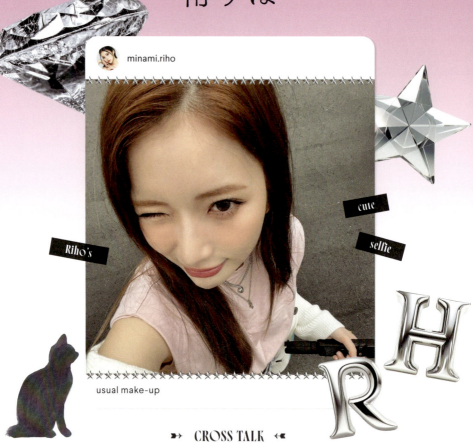

minami.riho

Riho's　cute selfie

usual make-up

▶ CROSS TALK ◀

り：韓国みを出しつつ盛れるメイクする方がおるんや！ってお願いしたのが初。めっちゃ盛れたし、肌のアラをしっかりカバーしてくれて感動した。　い：たしかに美肌すぎてベースはパパッとなメイクさんもいそう。でも韓国ってどんなにきれいでもちゃんとやるもんね。　り：厚くせずにできる人っていないし、個人的にいむたんで克服できたメイクが多いの。初めてのときにピンクのパレット出してきて、苦手な色だったけど「ちょっと」とか言えないタイプだから（笑）。だまって鏡見てたらめっちゃ盛れてる！ってなった。　い：（笑）。今回はTWICE系じゃない韓国メイクにしてみたかったの。強めも似合う〜♥

[102]

IMUTAN'S MAKE-UP

♦ 07 ♦ Riho

オトナトーンなピンクで
(G)I-DLE系の強めフェイスに!

>> CHANGED TO <<

ダーク
フェミニンメイク

マットなグラデシャドウにラメを重ねてつくる
目元と、3層に分けてつくった口元で立体感をき
わだたせて。この計算された女っぷりが最強!

IMUTAN'S MAKE-UP

07 Riho Minami

HOW TO

①A-★をアイホール広めに塗り、下まぶた全体にもON。②A-♥を下まぶたのキワに目尻が濃くなるように重ね、上まぶたの二重幅にキワが濃くなるようにグラデに塗る。③B-★と♥を混ぜ、目頭の横の少し下側にON。④B-◆を指にとり、二重幅より上側の中央に重ねる。⑤ブラックのリキッドライナーで上下目頭から黒目の位置まで粘膜にラインを引く。⑥Cを指にとり、目尻横からほおの外側をポンポンと塗ったら、内側に向かって同様に広げる。⑦D-★と♥を筆で混ぜ、オーバーリップになるように塗る。⑧D-◆を唇の輪郭の内側に重ね、全体を塗る。⑨Eを上下唇の口角より内側のリップライン上に重ねる。⑩Fの3色を混ぜ、眉全体にのせたら完成！

USE IT!

A. ラカ フォーエバー 6アイパレット 02 2,970円／JT **B.** デイジーク シャドウパレット #18 4,180円、**D.** 同 ムードペインティングリップ＆チーク #04 3,740円／ともにWONDER LINE **C.** ジルスチュアート ブルームドロップ リップ＆チーク シフォン 07 3,300円、**E.** 同 クリスタルブルーム リップブーケ セラム 12 3,740円、**F.** 同 ブルームニュアンス ブロウパレット 04 3,850円／以上ジルスチュアート ビューティ **G.** エフォス トワイライトグレー 1,760円（1箱10枚入り）／Rise UP

DARK FEMININE

08 ♥ COLLABORATION

さおりん

funacky325

saorin's / cute / selfie

usual make-up

➡ CROSS TALK ⬅

さ：メイクさんにお願いすると顔が変わっちゃうことが多いから、ライブやコレクションもずっと自メイクだったけど、いむたんのSNSを見てその人に合うメイクをしてくれるって思ってて。ヘラヘラ三銃士って、ありしゃんが求心顔、まりなちゃんが普通顔、私が遠心顔でみんな違うからどうなるかな？ってお願いしました！　今では指名できるときはお願いするし、メンバーの個人仕事にも「絶対いむたんがいいよ」って口出すくらい（笑）。 い：ヘラヘラはぶっ飛んだコンセプトが多くて毎回楽しい♥ このメイクは、韓国っぽいイメージがあるさおりんを、そのなかでカッチリ系にイメチェンしたかったの！
さ：財閥系初めて〜。可愛い！

IMUTAN'S MAKE-UP

▼ 08 ▼ saorin

財閥のオンナみたいに高級感のある韓国メイク♡

➡ CHANGED TO ⬅
韓国女優風メイク

トーンおさえめのピンク系カラーを大量に使って韓国女優風に！このグラデで、ドラマに登場しそうな気の強い女性らしさが出るんです♪

(107)

IMUTAN'S MAKE-UP

▶ HOW TO ◀

①Aで肌全体をトーンアップさせる。②B-★と♥を筆で混ぜ、二重幅より広めにキワに向けて濃くなるようにのせて指でなじませる。③B-◆をアイホールの二重幅より上側にのせたら、下まぶた全体にもON。④B-♠を下目尻の三角ゾーンと下目頭のキワに重ねる。⑤Cで唇の輪郭の少し上をなぞり、オーバーリップになるようにラインを引く。⑥Dを⑤のリップラインをなぞるように唇全体に塗る。⑦Eを唇の輪郭より内側に重ねる。⑧Fを大きめの筆にとり、おでこ＆鼻根＆鼻先＆目の横のCゾーンにサッとのせたら、細めの筆で目頭と鼻根の間にものせる。⑨Gの3色を筆で混ぜたらほおの高めにのせ、鼻先とあご先にものせたら完成！

▼ 08 ♥ saorin

Saorin

▶ USE IT! ◀

A.ジルスチュアート ブライト&スムース セラムプライマー 01 3,520円、**D.**同 リップブロッサム グロウ 05、**E.**同 02 各3,520円／以上ジルスチュアート ビューティ **B.**CLIO プロアイパレットエアー 05 3,960円、**C.**同 ベルベットリップペンシル 4号 1,390円／ともにCLIO COSMETICS **F.**グリント・バイ・ビディボブハイライター 05 2,200円／韓国高麗人参社 **G.**espoir トーンベアリングチーク ヴィオレッタ 2,860円／espoir **H.**メイメ by ラルム とびきりラムネード 1,760円(1箱10枚入り)／クイーンアイズ

109

09
♥ COLLABORATION ♥
かすちゃん

KASUCHAN

kasuu_kasu

Kasu-chan's cute selfie

usual make-up

→ CROSS TALK ←

か：雑誌『LARME』の撮影で一緒になったのが最初。私は数回目だったけど、いむたんはその日が初めてだったよね。　い：スタッフさんもモデルにも知り合いがいなくて、めっちゃ緊張してた。ヤバかったよね(笑)。　か：メイクしてもらったらめっちゃ可愛くて、個人のお仕事でもお願いするようになりました。いむたんメイクは唇とか涙袋が前に出てプリプリの顔になるの♥　朝起きられなくて自分では基本時短で薄いから、メイクしてもらうのめっちゃうれしい。あ、鼻チークつながった……ここに入れると鼻根が高いコンプレックスが解消されるから大好き！　い：ゲーム好きだし、このテーマは絶対かすちゃんって思ってたの。ちょ〜可愛い♥

IMUTAN'S MAKE-UP

09 ▼ kasu-chan

大胆に派手見えピンクで二次元級の可愛さに☆

→ CHANGED TO ←
ゲーミング系メイク

サイバーぎゃる感のある高発色ピンク×キラキラライムの組み合わせが可愛い♥ Y2K感があるのに古くない秘訣はこの色使いにアリ、です！

(111)

IMUTAN'S MAKE-UP

♥ 09 ♥ kasu chan

► HOW TO ◄

①Aを肌全体にのせる。②B-★と♥を筆で混ぜてアイホールと下まぶた全体に塗る。③B-◆を目頭側の目のくぼみにのせる。④B-♠を指にとり、二重ラインより上側にポンポン重ねる。⑤B-♣を下まぶたの目頭側2/3にON。⑥B-♪を二重ライン上に太めにのせてなじませる。⑦B-▲をアイホールの目尻側に三角形に重ねる。⑧CをTゾーン、鼻先、目頭の下から斜め下外側に向けて、と目の横のCゾーンにのせる。⑨Dの左の色を指にとり、ほお高めに広くポンポンとのせたら、両ほおの間をつなげるようにのせる。⑩Eで眉毛を明るくする。⑪Fをオーバーリップになるように唇全体に塗る。⑫Gで鼻の中央から黒目の位置までソバカスを描いたら完成！

► USE IT! ◄

A.ロムアンド ブルームインカバーフィットクッション 21N 2,530円、**B.**ウェイクメイク ソフトブラーリングアイパレット 17 3,190円/ともに韓国高麗人蔘社 **C.**CLIO グラスアンドハイライター（ニャン生逆転）01 2,400円／CLIO COSMETICS **D.**アミューズ リップ＆チークヘルシーバーム 03 1,890円／アミューズ **E.**ジルスチュアート ムースブロウマスカラ 16 2,420円、**F.**同 ラシャスベリー リップマスク 1,980円／ともにジルスチュアート ビューティ **G.**ディープアップ シルキーキッドアイライナー シフォンブラウン／いむたん 私物 **I.**ユリアル ウォーターブラウン 1,890円(1箱10枚入り)／ANW

10
◆ COLLABORATION ◆

おさき

sakichanman_you

osaki's cute selfie

usual make-up

▶▶ CROSS TALK ◀◀

お：いむたんのYouTubeに出演させてもらったことがあるんですけど、使ってたコスメを全部買って、その動画を見ながらメイクするくらい参考にしてます（笑）。メイクしてもらうといつも整形級に顔が変わって、自信が持てるからモチベも上がる♥　　い：うれしい！　ほかの誰よりもメイク映えするお顔だから毎回楽しいの。別に変わったメイクテクを使っているわけじゃないけど、アイシャドウが終わってチークをしたあとに、バランスを見てまたシャドウを足したりする。自分だとなかなかそこまでやらないのかもね。
お：このメイクも派手に見える色を使ってるのに全然浮かなくて、すごい！　　い：やっぱり韓国アイドル系のメイクも似合うね♥

[111]

>> CHANGED TO <<
\ 王道可愛い /
K-POPアイドル風メイク

濃い締め色を使わなくても、偏光ラメのシャドウや透明感が爆上がりするピンクやパープル系の色みでメイクしたら、速攻でアイドル顔♥

透明感にキラッヤ感……全人類ウケの要素を詰め込み！

HOW TO

①顔の骨が高いところ、首、鎖骨にAを筆でのせて透明感をつくる。②B-★と♥と◆を筆で混ぜ、アイホールに塗ったら、下まぶた全体にものせる。③B-♠を下まぶたの目頭に重ねる。④B-♣と♪を混ぜ、②でのせたアイホールより上側にのせる。⑤Cを指にとり、二重ラインよりも上側の中央にポンポンと重ねる。⑥Dをほお骨の上に、筆で円を描くように動かしながらのせる。⑦Eを目の横のCゾーン・鼻根・鼻先にのせる。⑧Fで唇の輪郭から少しハミ出すようになぞったら全体を埋めてオーバーリップにする。⑨Gを眉全体にのせたら完成！

USE IT!

A.ジルスチュアート　パステルペタルブラッシュ 03、**D.**同 04 各4,620円／ジルスチュアート　ビューティ　**B.**CLIO プロアイパレットエアー（ニャン生逆転）12 3,960円／CLIO COSMETICS　**C.**グリント・バイ・ビディボグリッタージェル 03 1,485円、**G.**ロムアンド ハンオールブロウカラ 05 1,210円／ともに韓国高麗人蔘社　**E.**espoir トーンペアリングハイライター 02 3,300円／espoir　**F.**ヘラ センシュアルフィッティンググロウティント 126 4,400円／HERA　**H.**カラーマジョリティー　オーロララベージュ 1,650円(1箱10枚入り)／スウィート

さくら

usual make-up

➡ CROSS TALK ⬅

さ：出会いは半年前くらいだけど、MINAMIとおさきが先にいむたんにメイクしてもらってて「やばいヘア＆メイクさんがいる！」って絶賛してたから、やっとお仕事ができてうれしい！って感じでした♥　普段ツリ目がコンプレックスだからアイラインを下げてたけど目の形を生かしてくれたり、とにかく感動！　**い**：少しツンとした印象なのにバブみな部分があって、それを生かすメイクがしたくて♥　**さ**：いむたんメイクのあとにメイクを落とすと毎回過去イチ病む。　**い**：なんでよ(笑)。なんでも似合うから超メイクしやすい。今日も巻頭のデビル、チークの赤ちゃん、この韓国アイドルって、ご覧のとおりいろんな系統ができたよ♥

IMUTAN'S MAKE-UP

● 11 ● Sakura

切れ長のキャットアイで
オトナっぽいまなざしに♡

» CHANGED TO «
＼ IVEみたいな ／
K-POPアイドル
風メイク

目元は横幅を強調＆下まぶたを重めにして、オトナっぽさのある猫目に。シンプルきれいなグラデだから、バランスがとれて目の印象がUP！

[119]

IMUTAN'S MAKE-UP

SAKURA

♥ 11 ♥ Sakura

▶▶ HOW TO ◀◀

①A-★と♥を筆で混ぜ、二重幅より少し広めにキワに向かって濃くなるように塗る。②A-◆を二重ラインの少し下からアイホール全体にのせる。③A-♠を細い筆にとり、下まぶたの三角ゾーンに目尻長めにラインを引き、目頭のキワにも引く。④A-♣と♪を筆で混ぜ、下まぶたの目頭2/3にON。⑤Bを手の甲に出したら筆でラメをとり、上まぶたの二重ラインより上側の中央＆下まぶたの目頭2/3に重ねる。⑥Cの5色を筆でまんべんなく混ぜ、ほお高めに三角に筆でのせ、指でなじませる。⑦Dを指にとり、目の横のCゾーンに軽いタッチで塗る。⑧Eを唇の輪郭の少し内側に塗り、全体になじませたら完成！

▶▶ USE IT! ◀◀

A. ウェイクメイク ソフトブラーリング アイパレット 15 2,970円、**B.** ロムアンド リキッドグリッターシャドウ 06 1,100円／ともに韓国高麗人蔘社 **C.** ジルスチュアート ブルーム ミックスブラッシュ コンパクト 27 4,620円／ジルスチュアート ビューティ **D.** ラカ ドリームビームハイライター 03 2,200円／JT **E.** CLIO クリスタル グラムティント(ニャン生逆転) 103 1,980円／CLIO COSMETICS **F.** ベイビーモテコン ベイビーぎゃる 1,650円(1箱10枚入り)／スウィート

12
♥ COLLABORATION ♥
MINAMI

mimi.minami.mimi

selfie

MINAMI's cute

usual make-up

➡ CROSS TALK ⬅

M：イメージモデルをしているプリモアの約1年前の撮影が初めて。私は肌の黄みが強いけど、いむたんメイクは顔の印象がパッと明るくなって透明感が出るし、目ヂカラが強くなって盛れる♥　**い：**似合う色はブルベ系だからね。肌をピンク系に仕上げるように気を使ってるかも！　そうすることで肌がパッと明るくなるの。もしイエベ系で使いたいものがあったら、ブルベ系の似合う色を混ぜてなじむようにしたりとか。　**M：**すごーい！いつもはMBTIの話ばっかしてるけど（笑）。　**い：**JKおばさんじゃん、私（笑）。おさくみみはK-POP系にしたかったから、みんな違った感じになって楽しかった♥

[122]

IMUTAN'S MAKE-UP

▼ 12 ▼ MINAMI

深みを引き出すダスティピンクで盛れ度MAX★

➡ CHANGED TO ⬅
＼aespaみたいな／
K-POPアイドル風メイク

目に奥行きを出す、ダスティ系ピンクのグラデ使いと締め色シャドウがポイント！ 目を大きく見せるから至近距離も遠距離も耐性あり★

▶ 12 ◀ MINAMI

HOW TO

①Aを肌全体に塗ったらBも同様に塗り、Cを重ねて透明感のある肌づくりをする。②Dを筆でほお高めにのせ、ファンデーションスポンジでポンポンとなじませる。③E-★をアイホールにのせたら、二重幅に重ね塗りして濃くする。④E-♥と◆を筆で混ぜ、目尻側の眉下にのせる。⑤E-♠を細い筆にとり、上目尻から目の形に沿ってキワにラインを引き、下目尻の三角ゾーンにもON。⑥E-♣を目頭から眉下に向けて黒目の上の位置まで重ねる。⑦Fを上下唇の輪郭の内側にのせ、なじませる。⑧Gを指にとり、鼻根にのせたら完成！

USE IT!

A.ジルスチュアート ルーセントシフォン トーンアップ プライマー 02 3,300円、**B.**同 ピュアエッセンス フォーエバー クッションコンパクト（レフィル）101 3,080円、**C.**同 グロウインオイル ルースパウダー 02 4,950円/以上ジルスチュアート ビューティ **D.**ラカ ラブシルクブラッシュ 706 1,980円/JT **E.**espoir アイコアパレット ギークグレー 3,960円/espoir **F.**アミューズ ジェルフィット ティント 06 1,650円/アミューズ **G.**グリント・バイ・ビディボブ ハイライター 04 2,200円/韓国高麗人蔘社 **H.**プリモア マンスリー プリパールモアグレイ 1,650円（1箱2枚入り）/スウィート

[125]

COSTUME CREDIT

※クレジットのないアイテムはすべてスタイリスト私物です。

♥ COVER ♥
[藤田ニコル]
ピンクチュールベアトップ 24,200円、
ピンクチュールヘッドドレス 22,000円／ともにmicrowave

♥ WELCOME TO Imutan's World ♥
P.01,04-07 [藤田ニコル]
ピンクファーグローブ 11,880円／ミルク
P.16 [南りほ]
ピンクナンバリングニット 14,000円／ seooocookie
ホワイトコットンスカート 8,800円
／ CRANK (XU TOKYO)
P.16-17 [古川優香]
アイボリーショートニット 6,380円／ XU DOG、
カモフラハーフパンツ 26,180円
／ CHERRYQUIRI (ともにXU TOKYO)
P.17 [さおりん] キャミソールワンピース 20,240円／
CHERRYQUIRI、
ネイビートラックジャケット 17,380円／
ROCK CAKE (ともにXU TOKYO)

♥ Make-up Rules ♥
P.22-23 [三上悠亜]
ピンクリボンビスチェ 30,000円／ Pazzo Doll
P.30 [南りほ]
イエローツイードビスチェ 18,000円／ seooocookie
P.72 [さおりん]
フラワーブラウス 15,000円／ seooocookie

♥ Special Collaboration ♥
P.79-81 [三上悠亜]
ホワイトボンネット 12,500円／ HoshibakoWorks
P.83-85 [藤田ニコル]
フラワーカチューシャ 18,920円／ HoshibakoWorks
P.99-101 [吉木千沙都]
ホワイトリボンシアートップス 3,990円、
ブラウンレースビスチェ 6,290円、ブルーサテンスカート 5,890円／
以上NADIA FLORES EN EL CORAZON
P.107-109 [さおりん]
グレーワンピース 29,000円、チェックジャケット 39,000円／
ともにseooocookie

⇢ SHOP LIST ⇠

♡	アミューズ	https://amusemakeup.jp/
♡	ANW	03-6407-1669
♡	espoir	https://www.espoir.com/jp/main.do
♡	エチュード	0120-964-968
♡	XU TOKYO	@xu_tokyo
♡	オングリディエンツ	@ongredientsjp
♡	かならぼ	0120-91-3836
♡	韓国高麗人蔘社	03-6279-3606
♡	クイーンアイズ	0120-267-531
♡	CLIO COSMETICS	https://cliocosmetic.jp/
♡	コスメデコルテ	0120-763-325
♡	JT	03-6230-9602
♡	ジルスチュアート　ビューティ	0120-878-652
♡	スウィート カスタマーサポート	06-6265-0878
♡	seooocookie	@seooocookie_japan
♡	T-Garden	0120-1123-04
♡	NADIA FLORES EN EL CORAZON	03-5772-6661
♡	Pazzo Doll	@pazzo_doll_
♡	ブリリアントプラス	03-6222-9830
♡	HERA	0120-929-744
♡	HoshibakoWorks	@hoshibakoWorks
♡	microwave	https://microwave0611.wixsite.com/microwave__official
♡	muice	0120-500-353
♡	ミルク	03-3407-9192
♡	Rise UP	0120-330-706
♡	WONDER LINE	03-3401-1888

(127)

Make-up

STAFF

いむたん

東京都出身のヘア＆メイクアップアーティスト。テレビ、雑誌、CMなどジャンルを問わず活動し、女優、タレント、モデル、インフルエンサーなどから絶大な支持を得ている。Instagram、YouTubeチャンネルでも多くの情報を発信中。

モデル：	Rちゃん・おさき・かすちゃん・さおりん・さくら・藤田ニコル・古川優香・堀未央奈・三上悠亜・MINAMI・南りほ・吉木千沙都　※五十音順
撮影：	飯岡拓也（人物）、佐山裕子（静物／主婦の友社）
スタイリング：	八木下綾
花師：	てん.
イラスト：	やよい
デザイン：	佐藤安那
DTP：	松田修尚（主婦の友社）
取材・文：	石村真由子
編集：	氏家菜津美（主婦の友社）

Instagram　@imutan_makeup
YouTube　いむたんチャンネル @imutan.makeup
TikTok　@imutanmakeup

いむたん make BOOK （メイク ブック）

2025年2月20日　第1刷発行

著者　いむたん
発行者　大宮敏靖
発行所　株式会社主婦の友社
〒141-0021 東京都品川区上大崎 3-1-1 目黒セントラルスクエア
電話 03-5280-7537（内容・不良品等のお問い合わせ）
　　 049-259-1236（販売）
印刷所　大日本印刷株式会社

© Imutan 2025 Printed in Japan
ISBN 978-4-07-459566-2

■本のご注文は、お近くの書店または主婦の友社コールセンター（電話0120-916-892）まで。
＊お問い合わせ受付時間 月～金（祝日を除く） 10:00～16:00
＊個人のお客さまからのよくある質問のご案内　https://shufunotomo.co.jp/faq/

Ⓡ〈日本複製権センター委託出版物〉
本書を無断で複写複製（電子化を含む）することは、著作権法上の例外を除き、禁じられています。本書をコピーされる場合は、事前に公益社団法人日本複製権センター（JRRC）の許諾を受けてください。また本書を代行業者等の第三者に依頼してスキャンやデジタル化することは、たとえ個人や家庭内での利用であっても一切認められておりません。
JRRC〈https://jrrc.or.jp eメール：jrrc_info@jrrc.or.jp 電話：03-6809-1281〉